RAPPORT

SUR

LE COMMERCE

ET

LES DOUANES,

LU A LA COMMISSION D'ALGER, LE 12 JANVIER.

M. REYNARD, RAPPORTEUR.

PARIS,
IMPRIMERIE DE A. HENRY,
RUE GIT-LE-COEUR, N° 8.

1834.

a Monsieur [illegible]
offert par son collègue

RAPPORT

SUR

LE COMMERCE ET LES DOUANES,

LU A LA COMMISSION D'ALGER LE 12 JANVIER.

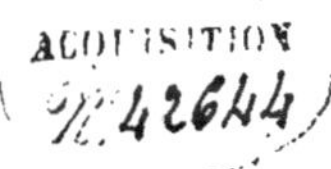

ON attribua long-tems aux colonies une influence sans bornes sur les destinées commerciales et la richesse des métropoles. Aussi, pour quelques déserts de l'Amérique, vit-on les nations européennes les plus capables de profiter des avantages de la paix, ne pas hésister à entreprendre de longues guerres. Qui ne sait que la délimitation mal fixée de terrains incultes dans l'Acadie devint, au milieu du siècle dernier, le signal d'une lutte acharnée entre la France et l'Angleterre. Le système politique des cabinets fut ébranlé et la guerre, pendant quatorze ans, étendit ses ravages sur presque tous les états de l'Europe, après avoir inondé de sang les plages stériles et lointaines, misérable objet d'un si grand débat !

De nos jours encore, que de regrets n'avons-nous pas entendus sur l'affaiblissement de notre puissance coloniale? Combien de fois n'a-t-on pas représenté Saint-Domingue, par exemple, cette île si fort au-dessous de ce que la Régence d'Alger pourrait être, comme la principale source des richesses de la France d'autrefois ?

Les économistes modernes ont fait justice de ces exagérations. Ils ont mis à nu les vices du système colonial, et ils ont fait ressortir les inconvéniens du monopole sur lequel ce système a presque toujours reposé. L'Amérique du Nord échangeant le nom de colonie anglaise contre celui de République des États-Unis, la Nouvelle-Grenade devenue Colombie, les autres parties de l'Amérique méridionale, également émancipées, ont donné aux théories nouvelles la sanction de grands exemples. Cependant il faut en convenir, ces théories, à leur tour, se sont montrées trop exclusives; les calculs économiques ont trop rabaissé la valeur des colonies.

Aux nations vieillies de l'Europe il faut,

comme à celles de l'antiquité, des débouchés pour la population surabondante des grandes villes, pour les capitaux qui s'y agglomèrent, pour l'excès de vie et de force que la civilisation y concentre. Ouvrir au travail de nouvelles sources de production, c'est en effet le plus sûr moyen de neutraliser cette concentration sans bouleverser l'ordre social. C'est le plus sûr moyen de faire avorter les semences d'hostilité que l'on cherche à répandre dans les classes ouvrières, non-seulement contre les gouvernemens, mais contre les sociétés et contre la propriété.

L'Angleterre a devant elle l'empire de l'Inde, la Russie, celui du nord de l'Asie, qui offrent une immense carrière au développement progressif de leurs populations et de leurs forces ; que la France tourne ses vues vers le continent africain, et elle aussi trouvera les débouchés qui lui manquent.

Ce n'est pas à dire, cependant, qu'elle ne puisse suffire aux besoins d'un plus grand nombre d'habitans et à l'emploi de capitaux plus considérables. Elle est assez étendue, elle est assez fertile, et assez de as lui resten t e ncore à faire dans la large voie des améliorations matérielles, pour que sa population puisse être doublée un jour. Mais en attendant que le tems amène ces grands résultats, des nécessités impérieuses se font sentir. Une trop grande inégalité dans la distribution des capitaux, la cherté du sol et de l'exploitation agricole, le poids des impôts nécessaires aux dépenses publiques, l'encombrement dans toutes les professions libérales de jeunes gens ambitieux d'une position meilleure, et dans les professions mécaniques d'hommes désireux d'une plus large part aux bénéfices résultant de leur travail; enfin la concurrence toujours croissante des hommes qui vivent du salaire journalier, en présence des progrès croissans aussi de l'industrie qui tend à économiser et à diminuer le travail manuel, tous ces motifs réunis imposent au Gouvernement l'obligation de chercher un champ où la surabondance de notre imagination, de notre activité, de nos talens et de nos forces, trouve facilement à s'exercer.

Ces motifs aussi sont au nombre de ceux qui ont déterminé la Commission d'Afrique à se prononcer pour la colonisation d'Alger.

Il lui a paru qu'il serait difficilement possible

d'offrir un plus beau débouché à l'industrie, aux capitaux, au trop plein de la population. N'est-ce pas en effet un projet digne de la France de rendre à un air salubre et à la culture de productions précieuses des champs connus par une antique fertilité ; de reconquérir à la civilisation un pays presque aussi étendu que l'Espagne, placé sous le même ciel, et séparé de nous seulement par une mer étroite ! Cette noble entreprise, en donnant de l'essor aux essais des esprits aventureux, aux efforts des énergies individuelles, aux combinaisons des spéculations collectives, servirait à la fois les intérêts de la navigation, du commerce et de l'industrie manufacturière.

Sous ce triple point de vue, la possession d'Alger est avantageuse à la France.

Sous d'autres rapports elle offre des difficultés et entraîne des inconvéniens. Il en apparaît même d'assez graves, pour que la Commission, quelque tems indécise dans la balance des bénéfices et des charges, ne se soit pas décidée en faveur de la colonisation, sans quelque doute peut-être ; mais il n'en est venu à l'esprit d'aucun de ses membres, lorsqu'il s'est agi de la question commerciale, industrielle et maritime.

La France partage aujourd'hui, avec les divers États maritimes de l'Italie, avec l'Angleterre, avec les États-Unis, le commerce du Levant qui fut autrefois notre apanage presque exclusif. Elle le partage dans une proportion fort inégale et tout au détriment de ses manufactures. De ses riches possessions dans les deux Indes, il ne lui est resté, en 1814, que quelques colonies auxquelles sa dignité plus que ses intérêts l'attache encore et qui se débattent en vain sous le coup que leur a porté l'abolition de la traite des noirs.

Alger semble avoir été conquis pour réparer cette double perte.

On sait quelle foule d'avantages l'ex-Régence offre à l'établissement d'une nation industrieuse. Sa position géographique les rend plus considérables encore pour la France.

Énumérer ici tous ces avantages ce serait répéter ce qui a été dit partout, ce que personne n'ignore ; contentons-nous de les résumer le plus brièvement possible.

Alger offre à nos exploitations diverses :

Des ports excellens et un développement de deux cent quarante lieues de côtes sur la mer la plus commerçante, en regard du golfe de Lyon, de l'Espagne et de l'Italie, et à trois jours de navigation de notre littoral du midi.

La possession exclusive des meilleurs bancs de corail de la Méditerranée.

Un sol fertile et susceptible de la culture la plus belle et la plus variée, où les céréales, le riz, le lin, viendraient en abondance ; qui suppléerait à l'insuffisance de nos productions en huile, en soies, en tabac, en garance ; sur lequel il ne serait pas impossible, peut-être, d'acclimater le cafier, la canne à sucre, l'indigo, où déjà le nopal à cochenille et le coton sont naturalisés ; enfin, où l'on pourrait introduire des plantations d'arbres de toute espèce.

La Régence nous offre encore :

Les moyens d'élever un grand nombre de

bestiaux; une branche considérable d'exportation de chevaux, de cuirs, de laine, de cire, de potasse et de salpêtre.

Des mines de houille, de la tourbe; des mines de plomb; des carrières de marbre, de pierre, de plâtre; des salines considérables; et si l'on s'en rapporte au récit des voyageurs, confirmés d'ailleurs par quelques renseignemens récens, des mines de cuivre et d'argent.

L'échange de ces précieuses richesses du sol ouvrirait aux produits de notre industrie un débouché abondant pour les besoins de la population actuelle indigène et européenne, et pour ceux de la population nouvelle que tant de ressources attirereront et développeront le jour où la colonisation ne sera plus un projet. Il est permis de penser, en outre, qu'en suivant un système bien entendu de justice et de pacification envers les Arabes, on pourrait, par leur moyen, étendre les relations commerciales jusqu'aux tribus de l'intérieur de l'Afrique et faire renaître avec ce grand continent le commerce qui, sous les Romains, avait porté les villes de la Mauritanie à un haut degré de splendeur. La gomme, les plumes, les parfums, l'ivoire, la poudre d'or, les fourrures ne tarderaient pas à venir s'échanger contre nos calicots, nos soieries, notre quincaillerie et nos autres produits manufacturés. Le commerce, en s'ouvant ainsi une route jusqu'aux districts peuplés de l'Afrique centrale, jusqu'à cette mystérieuse Tombouctou, qu'un Français courageux a le premier visitée, introduirait chez ces nations barbares les arts utiles et la civilisation qui forment son cortége. Le misérable trafic que font les Arabes à travers les déserts cesserait, et les milliers de malheureux nègres qui en sont les victimes seraient sauvés de la mort ou de l'esclavage.

Jusqu'à présent l'occupation ne nous a pas mis sur la voie de ces grands résultats. Quelques établissemens ont été formés, quelques entreprises agricoles ont été commencées, mais le commerce n'a été qu'une suite d'affaires de détail circonscrites dans le cercle de la consommation européenne locale, et la culture marche d'un pas si lent que ses progrès restent encore inaperçus.

La Commission a dû rechercher et elle indiquera les causes qui ont déterminé cet état de choses, elle indiquera, en même tems, quels moyens elle croit propres à l'améliorer, enfin, ce qu'il faut faire sous le rapport commercial et iudustriel pour assurer à la France tous les avantages qu'elle peut retirer de la colonisation.

Mais pour s'occuper avec sagesse de l'avenir, il est utile de demander quelques renseignemens au passé, et il ne sera pas sans intérêt de jeter un coup d'œil sur l'état du commerce à Alger sous la domination des Turcs.

Dans un mémoire de la Chambre du commerce de Marseille, rédigé par ordre du Ministère, en 1786, et que Volney a joint à son ouvrage sur la Syrie, on trouve l'état du commerce de la France avec Alger pendant l'année 1784.

Nous avons extrait de cette pièce authentique, les résultats que voici :

A cette époque, la compagnie d'Afrique entretenait dans ses comptoirs de la Calle, Bonne et Le Collo, trois cents personnes environ, officiers et soldats, ouvriers, le gouverneur de la Calle et l'inspecteur général. Elle versait dans la province de Constantine une valeur de 8 à 900,000 francs en piastres d'Espagne, réduites à des pieds déterminés. Elle exportait pour un million de francs de blé, de laines, de cire, de cuirs. Elle faisait encore un commerce considérable en corail. La compagnie le payait à ses pêcheurs une somme convenue par livre, et s'en servait à acheter en Guinée des esclaves noirs qui étaient revendus dans nos colonies à sucre d'Amérique. Une autre partie des produits de cette pêche était expédiée à la Chine et dans l'Inde.

Le commerce avec la ville d'Alger, moins important que celui des trois comptoirs précités, se faisait par l'entremise d'Algériens qui venaient en assez grand nombre trafiquer à Marseille, et par le moyen des maisons françaises établies sur les lieux. On avait compté d'abord trois établissemens de ce genre : la concurrence des Juifs en fit tomber deux. Les envois de la France, en draps, bonnets, étoffes, quincaillerie, montaient à 100,000 francs, et à une somme à peu près égale en piastres fortes d'Espagne et en sequins de Venise. Les retours en blé, huile, cire, laines, cuirs, s'élevaient à 300,000 fr.

Le même mémoire évalue l'importance comparative du commerce des autres nations de l'Europe avec la Régence, dans la proportion de deux huitièmes pour la Hollande, un huitième pour l'Angleterre, un huitième pour Venise, et attribue les quatre huitièmes restant à la France.

De cette évaluation, si elle est exacte, il résulterait que la valeur du commerce entre Alger et les nations européennes, était vers la fin du siècle précédent, de 4,800,000 francs, dont 2, 200,000 francs pour les importations et 2,600,000 francs pour les exportations.

Quant aux relations commerciales que la régence entretenait sans doute avec les autres puissances barbaresques et avec la Turquie, les données, même approximatives, manquent pour en calculer l'importance. Il en est de même du commerce intérieur avec les tribus; mais rien ne porte à croire que ces relations fussent très-considérables. L'esprit d'injustice, de monopole et d'avarice qui présidait au système du Gouvernement, aurait suffi pour ruiner le commerce et anéantir l'agriculture, lors même que les Algériens n'auraient pas donné à la piraterie la préférence sur les ressources commerciales ou agricoles.

Shaler, qui a été à portée de puiser aux meilleures sources, nous a donné un tableau des exportations et des importations de la régence pour l'année 1822. Nous y voyons que les premières ont été de 273,000 dollars (1,479,600 francs), et les autres de 1,200,000 (6,504,000 francs), Dans ce chiffre des importations, la France a fourni un contingent de 250,000 dollars (1,355,000 francs), en étoffes, acier, bijoux, sucre, café, poivre, etc., etc.; elle a reçu des laines, des peaux, de la cire, des plumes d'autruche et autres petits articles pour une somme beaucoup moindre.

Ainsi, durant les soixante années qui s'écoulèrent entre les deux époques soumises à notre examen, l'importation des marchandises européennes dans la régence, avait été à peu près triplée, tandis que l'exportation des produits indigènes avait diminué de moitié environ. Cet état de choses désastreux et qui devait avoir pour terme l'épuisement et la ruine du pays, ne paraissait pas, avant la conquête, susceptible de s'améliorer. Il n'était pas déterminé par des circonstances extraordinaires et auxquelles on pût prévoir une fin prochaine, mais il résultait, comme nous l'avons dit, de l'absurde système du gouvernement des Turcs.

Les vexations habituelles, les avanies accidentelles auxquelles étaient exposés les commerçans et les cultivateurs ; les défenses d'exporter certains produits, le monopole des autres annuellement affermé au plus offrant, décourageaient le commerce, étouffaient toute industrie et avaient fait presque abandonner la culture. Grâces à ces mesures stupides et odieuses, un pays naturellement si fertile, fut plus d'une fois exposé à d'affreuses disettes. Et, comme chaque jour augmentait pour lui le besoin des secours étrangers à mesure que sa force productive diminuait, il est évident que l'échange ne pouvant plus avoir lieu qu'aux dépens des capitaux précédemment accumulés, et ces capitaux une fois consommés n'étant pas reproduits par le travail et ne pouvant plus être renouvelés par la course sur les bâtimens chrétiens, la vente des esclaves et la piraterie, la nation s'appauvrissait constamment et marchait à une ruine complète.

Telle était la situation commerciale de la Régence au moment où le Gouvernement français s'en rendit maître. Voilà bientôt trois ans et demi que nous en avons chassé les Turcs et, si ce n'étaient les beaux travaux de communication exécutés par nos troupes autour de la ville d'Alger, on dirait presque à voir l'état de ce malheureux pays, qu'en substituant notre occupation militaire à la souveraineté du Dey, nous avons hérité de ses systèmes économiques; tant il règne encore d'incertitude sur la propriété, d'entraves à l'exportation des produits, et si peu la production a été encouragée ou protégée.

Hâtons-nous de dire toutefois que, malgré les causes diverses qui ont arrêté les développemens du commerce et abaissé, sous l'autorité française, la valeur des importations et des exportations au-dessous de ce qu'elle était avant la conquête, le mouvement commercial a cependant suivi une marche progressive.

Cette progression est celle d'ailleurs des besoins journaliers des émigrans européens, car c'est dans la limite de ces besoins que les affaires ont été renfermées, sauf quelques ventes d'étoffes anglaises ou de fer anglais et suédois aux arabes, sauf encore quelques livraisons de tabacs pour le commerce interlope de la côte d'Espagne.

L'espèce de désordre à peu près inévitable

qui régna d'abord dans les administrations civiles improvisées à la hâte, n'a pas permis à la Commission de recueillir les élémens rigoureusement exacts du tableau des importations et des exportations, opérées dans les premiers tems. Nous nous bornerons à exposer les résultats du mouvement commercial pour la précédente année 1832, et nous rapprocherons ensuite ces résultats de ceux que Shaler nous a déjà fournis pour l'année 1822.

Ier Tableau.

TABLEAU des Importations et Exportations pendant l'année 1832.

	Valeur des Importations.	Droits a l'entrée.			Valeur des Exportations.	Droits à la sortie.
		Douanes.	Octroi.	Total.		
	fr.	fr. c.	fr. c.	fr. c.	fr.	fr. c.
Alger........	5,914,415	396,186 59	187,336 27	583,522 66	753,022	14,388 77
Bonne *......	191,165	12,454 36	15,503 32	27,957 68	68,025	3,999 79
Oran........	751,340	56,268 55	26,455 30	82,723 85	29,612	2,644 12
Totaux...	6,856,920	464,909 50	229,294 89	694,204 19	850,659	21,032 68

OBSERVATION.

* Les Douanes n'ont été organisées à Bone que le 1er mai 1832 ; les importations et les exportations, pour ce port, ne comprennent donc qu'un intervalle de huit mois.

2.

IIe TABLEAU. *TABLEAU comparatif du Mouvement commercial de la Régence, en* **1822** *et* **1832**.

	1822.	1832.	DIFFÉRENCE POUR 1832.	
			EN PLUS.	EN MOINS.
	fr.	fr.	fr.	fr.
Importations............	6,504,000	6,856,920	352,920	"
Exportations............	1,479,660	850,659	"	629,001
TOTAUX........	7,983,660	7,707,579	"	276,081

A la première inspection du tableau, le chiffre du mouvement commercial de 1822 semble avoir été exactement maintenu pour 1832.

Egaler les Algériens dans les voies du commerce ce n'est pas un succès dont on puisse s'énorgueillir beaucoup. Cependant nous ne possédions que trois points, et, quoiqu'ils soient les plus importans du littoral, nous ne pouvions nous dire les maîtres de toute l'importation et de toute l'exportation du pays. L'état d'hostilité du plus grand nombre des tribus a dû nuire aux rapports commerciaux. Donc ce serait déjà quelque chose que d'avoir soutenu l'importation et l'exportation sur le même pied qu'avant la conquête. Malheureusement nous ne pouvons pas même nous flatter d'avoir obtenu ce résultat, tout faible qu'il serait.

En effet, quoique tous les objets fournis pour les prestations en nature et pour l'approvisionnement et l'entretien régulier des troupes soient introduits en franchise et ne figurent pas dans le tableau ci-dessus des importations, on conçoit que l'agglomération d'un corps d'armée nombreux sur le pied de guerre occasione une multitude d'autres consommations. Ces consommations grossissent le chiffre des importations. Pour apprécier avec exactitude l'importance commerciale de ce chiffre, il conviendrait donc de déduire la valeur des denrées et des marchandises qui sont venues s'échanger contre la haute-paie de nos officiers et de nos soldats. Jusqu'ici le principal consommateur dans nos possessions d'Afrique, c'est l'armée de 25,000 hommes et de 3,000 chevaux que nous y avons transportée. Il ne serait pas plus juste de faire entrer en ligne de compte de nos ressources commerciales dans ce pays, les envois considérables auxquels la présence de l'armée donne lieu, qu'il ne serait juste d'imputer à la colonisation la totalité de la dépense de la solde et de l'entretien de cette armée; car sans doute nos régimens, s'ils étaient rappelés, ne seraient pas licenciés.

En résumé, s'il était possible de défalquer du chiffre des importions pour 1832 le montant des objets de toute espèce qui ont été vendus à nos soldats, la comparaison de l'importation pour 1832, avec celle qui avait lieu, en 1822, serait à notre désavantage.

La comparaison des deux époques fournit

encore une observation : l'importation des 6,504,000 fr. de 1822 consista en étoffes de soie, de coton, en tissus de toute espèce de l'Inde et d'Angleterre; en denrées coloniales ; en produits manufacturés français et allemands ; en bijoux, armes de luxe, diamans, etc. Le pays n'eut pas recours à l'importation étrangère pour sa subsistance. En 1832, au contraire, outre l'approvisionnement de l'armée, il a été importé pour plus de trois millions de francs en comestibles et boissons pour la population civile ; et les importations de produits industriels ne se sont pas élevées beaucoup au-dessus. C'est ce qui ressort du tableau suivant, où les importations de 1832 sont classées par espèces de marchandises, avec indication d'origine.

ORIGINE.		COMESTIBLES.	BOISSONS.	MATIÈRES brutes animales, végétales, minérales.	PRODUITS manufacturés à l'exception des tissus.	TISSUS de laine, de coton, de soie, etc	TOTAL.
		fr.	fr.	fr.	fr.	fr.	fr.
Française		441,255	834,825	267,088	571,373	690,247	2,804,788
Etrangère.	Des entrepôts de France	1,137,248	30,000	360,005	31,510	»	1,558,763
	Directement de l'étranger	560,899	94,348	66,461	225,975	1,545,686	2,493,369
Totaux		2,139,402	959,173	693,554	828,858	2,235,933	6,856,920

Le débouché ouvert à nos manufactures est resté jusqu'ici, comme on le voit, assez insignifiant; mais il n'a pu en être autrement. Pour consommer, il faut produire, et qui n'a rien à vendre n'achète rien non plus. Or, tant que la production sera nulle dans nos marchés Africains, la consommation n'y dépassera pas la limite de valeurs équivalantes à celles des salaires que la France paie aux fonctionnaires qu'elle y rétribue, des travaux publics que l'état entreprend et des produits créés, dans les petites industries de première nécessité, par les boulangers, cordonniers, tailleurs, etc., etc. Le secret de rendre Alger véritablement utile à la production française, c'est de favoriser la production dont la régence est susceptible.

Telle, à beaucoup près, n'a pas été la marche suivie.

L'intérêt particulier d'accord avec l'intérêt général conseillait à ceux qui accouraient à Alger à la suite de la conquête de tourner leurs vues vers l'agriculture. Il fallait demander à la terre d'abord l'aliment immédiat, ensuite les moyens d'échange. De nombreuses acquisitions de terrains propres à la culture eurent lieu.

Beaucoup, sans doute, furent faites dans des vues de spéculation et sans que l'exploitation par les nouveaux propriétaires parût à personne probable ni même possible. Mais plusieurs aussi prouvèrent que des hommes, honorablement connus dans le commerce ou dans d'autres carrières, avaient l'intention de s'attacher au sol de la Régence et d'employer des capitaux à le faire fructifier. Par malheur, l'obligation d'assurer les moyens de défense et de pourvoir au logement des troupes dans un pays où il n'existait pas assez d'établissemens appropriés à nos besoins en ce genre, fit naître de la part de l'autorité militaire des exigences souvent indispensables au bien du service, mais incompatibles avec les développemens réguliers du travail et de la propriété.

L'occupation des maisons et des campagnes, sans indemnité au propriétaire non plus qu'au locataire ; les démolitions fréquentes de bâtimens ordonnées, quelques-unes sans motif bien justifié, plusieurs sans avertissement préalable, toutes sans évaluation contradictoire ; la mise sous le séquestre de nombreuses propriétés dont le revenu fut perdu pour tout le monde ; mille autres difficultés qui surgissaient à chaque instant du manque d'harmonie entre les pouvoirs, des formes toujours tranchantes de l'autorité militaire, de la position équivoque de l'autorité civile, de l'inexpérience de l'autorité judiciaire, firent échouer les entreprises commencées et avorter tous les projets.

Aussi, bien qu'à Alger, par exemple, le rayon compris entre la ville et nos avant-postes soit presque tout passé aux mains des Européens, c'est à peine si on découvre de loin en loin quelques faibles essais de culture, et quand on parcourt ce territoire les regards sont attristés par la ruine d'un grand nombre de maisons de campagne et par l'absence des arbres qui les ombrageaient. Comment l'agriculture, le commerce, les arts, la population qui constituent la puissance d'un état, se seraient-ils développés au milieu de ces ruines? Comment le possesseur de capitaux, le possesseur d'une industrie n'auraient-ils pas abandonné ce sol malheureux, où, plus encore peut-être que sous la domination turque, on a pu se demander depuis notre conquête si la propriété était un droit, si elle était une réalité; où, souvent enfin, l'armée et l'Administration n'ont pas semblé moins hostiles au cultivateur et au commerçant que les Arabes eux-mêmes?

La première chose à faire dans l'intérêt commercial, c'est donc de rendre au droit de propriété le respect qui lui est dû, de faire cesser l'occupation des propriétés privées sous prétexte de service public, ou de renfermer cette occupation dans les bornes de la plus absolue nécessité et toutefois avec juste indemnité. C'est de resserrer dans tous les rangs de notre jeune et valeureuse armée les liens relâchés de la discipline; d'empêcher qu'à la honte de l'habit qu'ils portent, quelques-uns de nos soldats ne se livrent au pillage. C'est de combattre l'opinion malheureusement répandue parmi eux et accréditée par les propos inconsidérés de quelques chefs, que la terre arrosée du sang du vainqueur appartient exclusivement à ceux qui l'ont conquise, et que la propriété privée, l'exercice d'une profession industrielle ou mercantile, sont une usurpation des droits du soldat. Bonnes peut-être à Rome au tems où le guerrier sans solde faisait la guerre à ses dépens; où, arraché à la culture des champs, son unique ressource, il ne trouvait souvent au retour qu'un terrain en friche ou moissonné par l'ennemi de pareilles maximes ne peuvent qu'égarer l'esprit du soldat français. Elles livreraient au plus affreux désordre un pays, où même en absence de capitulation particulière, la propriété serait garantie par la justice de notre Gouvernement.

Il faut que l'habitant voie dans le soldat un protecteur et non un ennemi. A cette condition est rattaché invariablement l'avenir des travaux agricoles et industriels qui serviront à leur tour de base et d'appui aux opérations commerciales.

Mais pour donner à celles-ci le ressort, l'activité qui leur manquent, cette condition n'est pas la seule à remplir. Le système des douanes doit être l'objet d'une prompte réforme. Il a été conçu dans des vues étroites de fiscalité et sans appréciation des intérêts respectifs de la France et du pays occupé.

Avant de rechercher les modifications à introduire dans les douanes, la Commission s'est demandée si, afin de hâter les développemens de la Colonie, le mieux ne serait pas de les supprimer entièrement. Dégager le commerce de toute entrave et l'affranchir de toute taxe, ne serait-ce pas effectivement un sûr moyen d'établir le plus bas prix de toutes choses et d'attirer de préférence à Alger les émigrations Européennes? D'un autre côté, comment espérer, même au prix de la surveillance la plus intelligente et la plus coûteuse, d'empêcher la contrebande qui ne rencontrera nulle part les facilités que lui offrent à Alger, sur le littoral, l'étendue des côtes, et, à l'intérieur, l'impossibilité d'exercer une autorité réelle sur les tribus éloignées ?

Ces considérations locales en faveur de la franchise absolue du commerce dans les ports de l'ex-Régence ont d'autant plus de poids qu'elles rentrent aussi dans l'intérêt particulier de la France. Le développement rapide du travail, c'est-à-dire la production de la richesse dans le pays occupé, est le premier avantage que la France doive se proposer en conservant sa conquête. Il importe donc de chercher, avant toute chose, les moyens de hâter ce développement, et de rendre le plus promptement possible Alger une riche et puissante colonie. Il n'est pas sûr, d'ailleurs, que les droits protecteurs, destinés à augmenter la consommation des produits nationaux, remplissent toujours exactement ce but. Le plus souvent peut-être ils ne nuisent pas moins à l'industriel, qu'ils n'appauvrissent le consommateur.

Dans le point de vue actuel, obliger les indigènes ou les colons à payer plus cher, à cause des droits, l'usage de certaines marchandises étrangères, ne serait-ce pas les priver d'un moyen d'échange égal à la valeur de la taxe, et par suite diminuer peut-être nos propres débouchés dans la même proportion?

Ces différens motifs ont vivement frappé l'esprit de la Commission. Cependant elle n'a pu se dissimuler que les bénéfices à recueillir de la colonisation, seront pendant un certain nombre d'années d'une faible importance, et de nature à n'être pas facilement calculés; les charges, au contraire, seront, pendant le même tems, très-directes et très-pesantes. Dès-lors il est convenable d'appeler la colonie à participer au paiement de ces charges; c'est ce résultat qu'on peut d'abord se proposer dans l'établissement des douanes, d'autant que les indigènes et les premiers émigrans sont habitués aux droits d'entrée sur les marchandises, et qu'ils s'accoutumeraient moins facilement à d'autres genres d'impôts.

La Commission a considéré de plus que c'est une question bien grande et bien controversée, que celle de la liberté absolue du commerce, qu'elle ne paraît pas près d'être résolue en France, et qu'il serait peu prudent peut-être de la trancher pour Alger, où le but de la colonisation est essentiellement d'ouvrir un débouché nouveau à nos manufactures, de créer pour notre commerce et notre marine des moyens d'échanges, de circulation, de frêt. Voudrions-nous courir le risque de nous laisser dépasser dans ce but par la concurrence étrangère, en lui livrant le libre accès de nos ports d'Afrique sans y réserver quelques avantages à notre pavillon, aux produits de notre sol et de notre industrie?

Enfin, un dernier motif a décidé la Commission. C'est la remarque si souvent reproduite, mais toujours digne d'attention, que les États-Unis, en s'émancipant du joug politique de l'Angleterre, n'en ont pas moins compté, dans le système colonial européen, comme formés par cette puissance. Ils ont continué à consommer une énorme quantité de ses produits et ils sont restés attachés à la métropole par de liens commerciaux que l'émancipation politique n'a pu détruire. Cet exemple ne doit pas être perdu pour nous, et quand nous voyons les Anglais tendre à dominer par tout à notre exclusion, quand nous les voyons occuper déjà l'Amérique du Nord, la portion la plus considérable et la plus riche de l'Asie méridionale, former des établissemens coloniaux au sud de l'Afrique et dans les îles et les continens de l'Australie, tâchons au moins, si nous colonisons Alger avec les trésors de la France, que ce soit au profit de la France. Faisons en sorte que si, un jour, malgré la proximité de la métropole, malgré la protection dont la colonie aura long-tems besoin contre les tribus arabes, l'ex-Régence d'Alger devenait un état indépendant, l'habitude des mêmes usages, des mêmes consommations y maintînt encore une haute importance à nos relations commerciales.

Dans ces vues, il s'est agi de rechercher une combinaison de droits qui offrît quelque secours au trésor, et des avantages à la production française sans imposer toutefois une charge trop onéreuse à la consommation locale et sans exclure aucun produit étranger.

Avant d'entrer dans l'examen des moyens qui paraissent propres à atteindre ce but, il est à propos d'indiquer quelle est l'organisation actuelle du système des douanes à Alger.

IMPORTATION.

Les droits d'entrée avaient été primitivement fixés à 4 pour o/o de la valeur, pour les marchandises importées par des navires français, et à 8 pour o/o pour celles qui seraient introduites sous pavillon étranger.

On a donné depuis une autre interprétation aux arrêtés sur la matière, et le droit de 4 pour o/o s'applique aujourd'hui aux denrées, et aux produits français quel que soit le pavillon sous lequel ils sont importés. Les marchandises étrangères à leur tour sont assujéties au droit de 8 pour o/o, même lorsqu'elles ont été tirées des entrepôts français et expédiées sur nos navires.

Voici maintenant trois exceptions que contient le tarif :

1°. Les céréales et les plants d'arbres sont exempts de droits dans tous les cas ;

2°. La différence de 4 pour 0/0 n'ayant pas suffi pour protéger nos vins et nos eaux-de-vie contre ceux d'Espagne et d'Italie, une surtaxe de 7 pour 0/0 fut établie. Les boissons, d'origine étrangère, paient en conséquence 15 pour 0/0.

3°. Le sel, dont le gouvernement algérien faisait le monopole, paie 3 fr. les 100 kil. s'il est d'origine française ; 4 fr., s'il est d'origine étrangère. Dans l'un et l'autre cas le droit est augmenté de 1 fr. par 100 kil., quand l'importation a lieu par navire étranger.

Il est en outre perçu sur les boissons, les comestibles, le savon, les bougies et les chandelles ; les épiceries et denrées coloniales ; la poterie, la verrerie, les cuirs, les fers, les couleurs, les essences, le tabac, les bois de constructions et les meubles un second droit de consommation, désigné à tort sous le nom de droit d'octroi et qui n'est, en réalité, qu'une addition au droit de douane. Ce supplément au droit de douane varie depuis 1 jusqu'à 12 pour o/o.

Le charbon, les fruits, les légumes paient, également à titre prétendu de droit d'octroi, mais en résultat comme droit de douane, un dixième en sus du droit d'entrée.

EXPORTATION.

Les droits de sortie sur les produits indigènes sont perçus (d'après un tarif réglé, pour quelques espèces, sur le poids, le nombre, la mesure et, pour le plus grand nombre, sur la valeur), à raison de 1 pour o/o sur les exportations pour la France et 2 pour o/o pour les exportations à l'étranger.

L'exportation des céréales est prohibée.

Les marchandises en entrepôt ne peuvent être réexportées que sous paiement d'un droit de demi pour o/o.

NAVIGATION.

Nos navires et les navires étrangers sont assujétis dans les ports de la Régence à un droit d'ancrage fixé à 50, 75 ou 100 fr., selon qu'ils jaugent au-dessous de 50 tonneaux, de 50 à 100 tonneaux ou au-dessus de 100 tonneaux.

Les bateaux étrangers qui font la pêche du corail sur les côtes, paient une patente de 216 piastres fortes d'Espagne pour les 6 mois d'été, et de 98 piastres pour les 6 mois d'hiver.

Tel est l'ensemble du système de douane. Il a excité de nombreuses réclamations de la part du commerce, et il est facile de reconnaître qu'elles étaient fondées. Ce système ne peut avoir été dicté que par la pensée de diminuer à tout prix les charges de l'occupation sans s'inquiéter des résultats pour l'avenir du pays. On ne comprend pas, par exemple, comment on a pu frapper de droits considérables les marchandises françaises. Notre but principal, en colonisant Alger, c'est d'obtenir un plus grand débouché de nos produits; de rendre plus abondantes les sources du travail, et par là d'augmenter la masse de salaires répandus dans l'Etat. N'est-ce pas aller directement contre ce but que d'imposer nos produits? N'est-ce pas évidemment apporter un obstacle aux progrès de la consommation, en Afrique, aux progrès de la production en France?

La première base du tarif d'Alger doit être la suppression de tout impôt sur les produits de la France, et cette mesure est celle qui offrira le plus d'utilité réciproque aux deux pays.

Cette suppression doit être commune aux produits de nos colonies. Jusqu'à présent il n'a pas paru de denrées coloniales françaises sur les marchés de la régence où elles n'auraient pu soutenir la concurrence étrangère; mais si, plus tard, il en est importé, il est rationnel de les admettre au même bénéfice de franchise que les produits de la métropole.

Ce premier principe posé en faveur des importations françaises, il fallait calculer le tarif pour les marchandises étrangères, de manière à éviter le double écueil : de rendre illusoire la faveur accordée à l'industrie nationale, ou de jeter la perturbation dans les voies du commerce intérieur, en forçant les Arabes à aller échanger à Tunis, à Tanger, à Tétouan leurs blés, leurs laines, leurs cuirs contre les tissus, les fers ou les autres produits que nos tarifs aur aient trop renchéris.

Le projet de tarif ci-après, dont nous discuterons les chiffres, a paru à la Commission de nature à rassurer complètement contre la crainte des dangers qui viennent d'être signalés.

Suit le Tableau

PROJET DE TARIF

DES DROITS A L'IMPORTATION ÉTRANGÈRE.

Marchandises	Provenance	Droit	
Denrées, produits fabriqués, marchandises de toute nature, sauf les exceptions ci-après...............	Par navire français.... Des entrepôts de France ou d'ailleurs...	8 p.	0/0
	Par navire étranger des lieux de production...........	10.	0/0
EXCEPTIONS.			
1°. Bois de construction, de charpente de menuiseries; bois à brûler, charbon de bois, de terre; pierres, matériaux de construction...	Par navire français.... Des entrepôts de France ou d'ailleurs...	0	0
	Par navire étranger des lieux de production...........	0	0
2°. Céréales, farine, foin, paille, légumes, fruits frais, plants d'arbres, graines pour semences...............	Par navire français.... Des entrepôts de France ou d'ailleurs...	0	0
	Par navire étranger des lieux de production..........	0	0
3°. Fer.................	Par navire français.... Des entrepôts de France ou d'ailleurs...	0	0
	Par navire étranger des lieux de production............	2	0/0
4°. Tissus de soie, de coton, bonneterie de laine.......	Par navire français.... Des entrepôts de France ou d'ailleurs...	10	0/0
	Par navire étranger des lieux de production............	12	0/0
5°. Vins, eaux-de-vie, esprits, rhum, vinaigres, liqueurs...............	Par navire français..... Des entrepôts de France ou d'ailleurs...	13	0/0
	Par navire étranger des lieux de production............	15 p.	0/0
6°. Sel................	Par navire français...... Des entrepôts de France ou d'ailleurs...	2 f. les	100 kil.
	Par navire étranger des lieux de production.............	3 f. les	100 kil.

La taxe modérée de 8 pour 0/0 de la valeur qui, à quelques exceptions près, est maintenue dans ce projet de tarif pour la généralité des marchandises étrangères importées sous pavillon français, tant de nos entrepôts que directement de l'étranger, n'a rien d'exagéré. Elle a été imposée dès les premiers jours de l'occupation, et les indigènes ont paru l'accepter d'assez bonne grâce. Le chiffre de la taxe n'a pas rebuté non plus les expéditeurs étrangers, puisque non seulement ils ont fourni, à l'exclusion de nos propres marchandises, toutes celles qui ont été achetées par les indigènes, mais qu'ils ont pourvu de plus à la majeure part des consommations de la population européenne et même de l'armée, si bien que le commerce français n'est entré en partage avec eux que pour les 2/5 environ.

Toutefois, hâtons-nous de le dire, l'industrie étrangère, malgré les conditions plus favorables où elle peut être placée, n'a pas sur la nôtre une telle supériorité que l'impôt proposé ne soit plus que suffisant pour protéger l'immense majorité de nos manufactures. Ce tarif nous réservera le marché presque exclusif pour la quincaillerie, la mercerie, les tissus de fil et les tissus de laine, la bonneterie exceptée. En 1832, et sous une protection de 4 pour o/o seulement, notre importation de ces articles pour le port d'Alger a surpassé de 257,970 fr. l'importation étrangère. En voici le tableau.

NATURE.	DE FRANCE.	DE L'ÉTRANGER.
Quincaillerie	145,736 fr.	37,690 fr.
Mercerie	42,653	19,211
Tissus de fil	68,279	2,790
Tissus de laine (Les articles de bonneterie exceptés.)	154,447	93,454
	411,115	153,145
Balance	»	257,970
	411,115	411,115

Sur beaucoup d'autres produits la comparaison nous serait désavantageuse; mais ce n'est pas une raison pour exagérer la protection jusqu'à ce point où elle approcherait de la prohibition. Le tems des prohibitions est passé et ce n'est pas quand, de toutes parts, en France, le système prohibitif est attaqué et à la veille de crouler qu'il faudrait essayer d'en relever les débris sur un sol nouveau. Que nos manufacturiers ne perdent pas de vue qu'ils arriveront plutôt par l'émulation que par la prohibition, sinon à surpasser du moins à égaler leurs rivaux. La Commission n'a donc pas cru devoir prêter l'oreille aux réclamations vives et nombreuses qui lui ont été adressées en faveur d'une augmentation de taxes sur les produits étrangers. Dans le maintien de l'impôt de 8 pour o/o de la valeur comme règle générale, le Trésor trouvera un premier dégrèvement des charges de la possession, et l'industrie nationale une protection suffisante, mais qui ne menacera pas d'étouffer dans son germe l'établissement colonial.

Avant de passer aux exceptions consacrées dans le projet de tarif, nous ferons remarquer que la quotité du droit principal paraît encore convenablement fixée pour encourager dans la Régence, et sans trop de dommages pour le consommateur, la culture des denrées que la France ne produit pas, ou qu'elle n'exporte pas : telles que le coton, le riz, etc. ; ou telles que le lin, le chanvre, le tabac, etc.

EXCEPTIONS.

MATÉRIAUX A BATIR.

Il est inutile, ce semble, d'expliquer quels motifs font proposer d'affranchir de tous droits à l'entrée, les bois de menuiserie, de charpente; les matériaux et le bois de construction, etc.

Dans un pays ou les maisons mal bâties menacent souvent de s'écrouler, et où les ravages de la guerre et la nécessité d'élargir les voies publiques pour le passage du matériel de l'armée, ont amoncelé les ruines, il faut faciliter les moyens de reconstruire les habitations. Le plus simple bon sens l'indique; et cependant, tout au rebours, les droits de douane ont été augmentés de 1 pour 100 sur les bois de construction, les carreaux, etc., en même tems qu'un règlement de voirie soumettait à une taxe l'ouverture d'une porte, d'une fenêtre, la réparation du moindre pan de muraille.

CÉRÉALES.

Nous n'insisterons pas non plus sur la convenance d'exempter les céréales de tous droits. Par une étrange anomalie l'exemption ne profite aujourd'hui qu'aux céréales étrangères; les grains indigènes sont soumis à un prélèvement de 4 pour 100 en nature.

La disposition contraire se comprendrait mieux, elle tendrait à favoriser l'agriculture du pays. Mais elle n'a certes pas besoin de ce secours.

On sait que la Régence produisait des grains en grande abondance. A Bonne, ils étaient pour la compagnie d'Afrique le principal objet d'exportation; à Alger, avant notre descente, le prix du blé arrivait rarement à 3 boudjous (5 fr. 58 c.) le saa (42 à 44 kilog) et souvent pendant la belle saison il ne valait au marché de cette ville que de 1 1/2 à deux boudjous (2 fr. 79 à 3 fr. 72 c.).

Dans la province d'Oran, depuis Cherchell

jusqu'à Trémesen, les terres abondent encore en céréales, et il ne paraît pas que les tribus intérieures retirent de leur blé un prix au-dessus de 1 boudjou 1/4 à 1 boudjou 1/2 (environ 2 fr. 60 c.)

Ainsi tout fait une loi de rendre libre le commerce des grains : quant à présent, parce que la Régence ne peut suffire aux besoins de nos consommations, et qu'il y aurait péril à renchérir le secours étranger; quant à l'avenir, parce que, les choses reprenant leur place, la Régence redeviendra un grenier d'abondance et se défendra d'elle-même et par le bon marché de ses prix, contre l'importation étrangère.

Farines.

Une objection se présente par rapport aux farines. Le pays manque de moulins, ne conviendrait-il pas d'en favoriser la construction par un droit sur les farines étrangères? Cette demande a été formellement exprimée par plusieurs négocians du pays. Il est constant que l'établissement de l'usine et les frais de mouture seront plus coûteux en Afrique qu'en

Europe. Cependant à Alger, par exemple, quelques moulins s'élèvent déjà sur plusieurs points du massif, et la libre entrée des matériaux encouragerait de nouveaux constructeurs. Il est impossible, dans tous les cas, que l'avantage de moudre le blé sur les lieux ne finisse par permettre de livrer la farine de la Régence aux mêmes conditions que celle qui vient de l'étranger. D'ailleurs il ne faut pas perdre de vue que, dans l'état actuel, le pays ne peut suffire à la subsistance de ses nouveaux consommateurs; on ne peut donc raisonnablement songer à restreindre et à renchérir les secours étrangers, et les farines doivent être comprises dans la franchise proposée en faveur des grains.

FERS.

Les raisons qui motivent la libre entrée des matériaux propres à bâtir, commandent une faveur égale pour les fers. Aucun droit de douane ne nuirait davantage au développement des forces productives de la colonie. Seulement il a paru convenable de soumettre l'importation par navire étranger à la condition d'un faible impôt de 2 pour 0/0. Il y aura dans cette mesure un double encouragement pour notre marine marchande. Un armateur n'enverrait pas un navire à Londres afin d'y charger seulement des tissus pour nos possesions d'Afrique, le fer lui offrira un lest nécessaire pour compléter le chargement.

TISSUS DE SOIE.

Dans une opinion fort remarquable et récemment émise, la Chambre de commerce de Lyon a déclaré que la fabrication des soieries rejetait l'aide des tarifs et pouvait soutenir, sans protection, toute concurrence étrangère. Néanmoins les tissus unis de France n'ont pas lutté avec succès sur les marchés de l'ex-Régence contre les qualités analogues de Suisse et d'Italie, et le bas prix de celles-ci les a fait constamment préférer au nôtre. Dans les *brochés*, nos importations ont repris quelque supériorité, et, somme toute, nous avons outrepassé la valeur de l'importation étrangère, mais de moins d'un tiers seulement.

En 1832 cette importation a été de Livourne

et de Naples, et pour le port d'Alger seulement, de . . . . 65,231 fr.

De Tunis et Malte de. 3,724

Total . . . . . . 68,955 fr.

La nôtre s'est élevée à 97,712 f., différence 28,757

97,712 fr.

TISSUS DE COTON.

La vente de tissus de coton a été à peu près nulle pour nous dans la Régence. Les Anglais en ont la possession exclusive. Pour la leur disputer, il est nécessaire que nos fabricans s'appliquent à imiter les étoffes appropriées an goût des indigènes et qu'ils renoncent à la prétention d'imposer nos usages et nos modes à une population essentiellement stationnaire. Il faut des siècles et des soins suivis sans interruption pour changer les habitudes d'un peuple.

Les tissus de coton que les Anglais introduisent à Alger, consistent principalement en guinées de l'Inde, dites *Eléphanti* et *Salampores*, en grosse toile gommée dite *Mahmoudi*, en *Madapolan*, *Hamburgo* et *jaconeti* (mousseline rayée).

L'importation pour 1832, dans le seul port d'Alger, a donné le résultat suivant :

De Livourne..........	713,968 fr.	1,169,171 f
De Gibraltar..........	447,522	
De Tunis............	7,681	
De France.........................		184,088
Excédant de l'importation étrangère...		985,083 fr.

BONNETERIE.

La bonneterie figure pour plus des 9/10mes dans la vente des tissus de laine. La France ne prend plus aucune part à cette importation qui est effectuée en totalité par les ports de Naples, Livourne et Tunis. Cependant elle fabrique tous les genres de bonnets en usage dans l'ex-Régence.

L'examen des faits que nous venons de citer, démontre que les tissus de soie, de coton et les bonnets de laine ont besoin d'une protection particulière. Il la trouveront dans le droit de 10 pour 0/0 sur les articles étrangers similaires.

BOISSONS.

La France a un grand intérêt à favoriser l'écoulement de ses vins et de ses eaux-de-vie sur les marchés de l'ex-Régence, et elle ne peut y parvenir qu'en leur accordant une forte protection. On sentit cette nécessité, dès les premiers momens de l'occupation, et le droit sur les boissons fut porté à 15 pour 0/0. C'est à cette mesure que nous avons dû le débouché d'une quantité considérable de nos vins et de nos eaux-de-vie en Afrique. Il y a donc lieu de maintenir cette quotité et avec d'autant plus de raison que, dans le cours de la présente année, l'Espagne dont la récolte avait été très-abondante, paraît avoir repris le dessus dans le chiffre d'importations des esprits et eaux-de-vie.

SEL.

En imposant un droit de 2 ou 3 fr. sur l'importation du sel étranger, le marché se trouvera réservé à peu près à nos salines. La suppression du droit sur les sels de France sur lesquels on a perçu jusqu'ici un droit de 3 francs les 100 k., aura pour résultat d'empêcher les Arabes de continuer à s'approvisionner à Tunis, et nous offrira l'occasion de multiplier nos échanges avec eux. Privés de machines à l'aide desquelles ils puissent presser toutes leurs olives au moment de la maturité, les Arabes ne procèdent à l'extraction de l'huile que peu à peu. Cette opération se prolonge pendant presque toute l'année, et les olives se pourriraient si l'on ne les recouvrait de sel pour absorber les parties aqueuses. Le sel sert encore à l'Arabe à conserver les peaux, et il sait bien, quand il nous vend le cuir ou l'huile, faire restituer le droit que le sel a payé.

Avant de passer aux exportations, la Commission a dû s'occuper d'une dernière question qui se rattache à l'importation, et qui n'est pas sans importance.

Par l'article 12 d'un arrêté en date du 22 septembre 1830, les denrées et marchandises de toutes sortes introduites dans nos possessions d'Afrique pour les besoins de l'armée, ont été affranchies des droits de douane et d'octroi.

Cette mesure exceptionnelle a reçu une extension injuste et a excité des réclamations dont la chambre de commerce d'Alger a été l'interprète.

La Commission a pu se convaincre par ses propres investigations des abus graves, dont cette disposition de l'arrêté du 22 septembre a été la source.

Ainsi, par exemple, à l'abri de l'exception consacrée, des officiers et des employés de l'armée ont pu introduire en franchise des objets destinés à leur usage personnel, abstraction faite de tout besoin du service.

Des agens comptables, des ouvriers, obtenant de l'inattention des chefs des bons d'introduction pour des quantités de marchandises supérieures, ou quelquefois même étrangères aux besoins de l'armée (des peaux préparées pour des souliers de femme, par exemple), ont ensuite livré à la vente ces marchandises.

Des fournisseurs, spéculant avec moins de retenue encore, ont envoyé sciemment des objets différens de ceux qui avaient été demandés pour l'armée. Ces objets débarqués en franchise à cause de la destination présumée et rejetés par les conseils d'administration, pour défaut d'identité avec les échantillons, ont été livrés à la vente sans que les droits d'entrée aient été acquittés.

A Alger, à Bonne, à Oran, partout où nous nous sommes établis, le commerce a rencontré dans l'armée des négocians improvisés, concurrens d'autant plus fâcheux qu'ils s'exemptent du paiement des droits.

Avec le tarif proposé, l'inconvénient signalé deviendrait d'autant plus préjudiciable à nos relations commerciales, qu'il favoriserait la consommation des marchandises étrangères au détriment des produits nationaux. Il convient donc d'appliquer à l'approvisionnement de l'armée les règles qui sont observées en France, et de soumettre les fournisseurs au droit commun.

Par ce procédé on évitera l'abus sans qu'il en résulte aucun préjudice pour l'État; car le Ministère des finances recevra, en définitive, ce qui sera dépensé de plus par le Ministère de la guerre.

La Commission, en conséquence, est d'avis

que l'exemption de droit de douane sur les denrées et marchandises employées pour les besoins de l'armée, doit cesser le plus tôt possible.

EXPORTATION.

Après s'être occupé de l'importation, si l'on passe à l'exportation, il ne sera pas nécessaire de longs développemens pour faire ressortir combien il y a d'inconséquence à l'avoir soumise à des droits. Ce n'est pas quand on reconnaît le besoin d'encourager et de développer la production que l'on doit en frapper les fruits. C'est défaire d'une main ce qu'on a fait de l'autre. Il est vrai que long-tems encore les Arabes fourniront presque seuls l'aliment de l'exportation; mais qu'importe? Puisque la France aura toujours à demander à l'Afrique des retours, pourquoi les lui renchérir?

Il convient donc de n'assujétir à aucun droit de sortie les denrées et produits de la colonie qui seront exportés pour la France.

Il n'en est pas tout-à-fait de même de l'exportation pour l'étranger. De bons esprits auraient voulu qu'elle fût soumise aux mêmes conditions qu'en France. Nos tarifs, disait-on, frappent d'un droit élevé la sortie des objets dont notre pays a besoin; l'application de ce droit forcera les colons à diriger, de préférence, ces objets sur les ports de France. L'exportation pour l'étranger restera ainsi bornée aux objets pour lesquels nos tarifs ne portent que de simples droits de balance, et ce sont ceux précisément dont la France peut se passer, ou même dont elle a intérêt à favoriser la vente au dehors.

La Commission n'a pas cru devoir s'arrêter à ce raisonnement auquel il est facile d'opposer l'intérêt que la France a par-dessus tout à protéger la production agricole de la colonie. Elle a pensé toutefois que le besoin d'assurer aux navires français des cargaisons de retour, imposait l'obligation de maintenir sur les exportations pour l'étranger les droits de 2 pour cent qui existent actuellement pour toute exportation quelconque.

Mais en revanche, il est juste, ce semble, de compenser la restriction mise à la sortie pour l'étranger des produits de l'ex-régence, par une réduction de droits sur ces mêmes produits à leur entrée en France.

La colonie cessera d'autant plus tôt d'être onéreuse à la France qu'elle marchera plus vite à son entier développement. C'est par de grands progrès agricoles qu'elle y parviendra. La réduction des droits en France facilitera ces progrès. Cette réduction ne portera aucun préjudice au Trésor; car pendant quelques années les produits algériens ne pourront prendre qu'une place inaperçue dans nos consommations. D'ailleurs le jour où cette réduction deviendrait sensible, elle serait balancée par une augmentation d'impôts obtenue, dans la Régence, par suite même de l'accroissement de l'agriculture.

Il existe cependant une difficulté ; n'est-il pas à craindre que les produits étrangers ne soient admis par fraude à partager les avantages réservés à ceux de la Régence ?

Cette crainte n'est pas fondée.

Le service des douanes est très-régulièrement organisé.

La marine militaire a établi le long des côtes des croisières multipliées. Cette double surveillance opposerait assez d'obstacles à la fraude pour que, jointe aux difficultés locales, elle rendît cette fraude sans importance, surtout si la réduction des droits était très-modérée. Rien n'empêche donc que, par analogie à ce qui est réglé pour les provenances du Sénégal, celles de l'ex-Régence ne soient admises en France avec une différence de droits qui leur assure la préférence sur les produits analogues des autres pays. Cette réduction pourrait être d'un dixième, par exemple.

En l'état, l'exportation s'est élevée à peine au sixième de la valeur des importations. Elle a consisté en cuirs en poils, laine, plumes d'autruches, cire, blé, huile d'olive pour fabrique et kermès.

NAVIGATION.

De toutes nos industries celle qui, dans nos relations avec nos possessions d'Afrique, a eu le plus à souffrir de la concurrence étrangère, c'est la marine marchande. L'état qui suit des navires français et étrangers entrés dans les ports de l'ex-Régence prouvera ce fait :

ÉTAT NUMÉRIQUE DES NAVIRES

ENTRÉS DANS LES PORTS DE L'EX-RÉGENCE.

	NAVIRES français.	TONNEAUX.	NAVIRES étrangers.	TONNEAUX.	SANDALES algériennes	TONNEAUX.
1830.						
ALGER.	129	20,671	221	28,755	»	»
1831.						
ALGER,	123	17,265	215	25,683	»	»
ORAN.	7	893	30	2,336	»	»
1832.						
ALGER.	165	20,037	346	42,742	201	3,991
ORAN.	30	2,647	246	16,466	125	429
BONNE.	22	»	122	»	16	»
1833.						
ALGER. 9 premiers mois.	97	14,087	262	41,801	338	3,541
ORAN. 6 premiers mois.	14	1,516	96	7,335	63	255
BONNE. 6 premiers mois.	14	»	98	»	13	»
	601	77,116	1,636	165,118	756	8,216

La récapitulation du nombre des navires entrés dans le seul port d'Alger depuis le 6 juillet 1830, jusqu'au 30 septembre 1833, donne un total de 2,097 navires qui ont jaugé 218,573 tonneaux et ont employé 18,776 hommes d'équipage.

Le pavillon national et le pavillon étranger ont concouru dans les proportions suivantes :

	Navires.	Tonneaux.	Hommes d'équip.
Français.	514	72,060	3,860
Maures.	539	7,532	4,312
Étrangers.	1,044	138,981	10,604
	2,097	218,573	18,776

Il résulte de cet aperçu que la marine française n'a participé que pour un tiers au transport des marchandises qui ont été importées dans le port d'Alger ; la proportion serait encore moins favorable dans les ports de Bonne et d'Oran.

Aussi nos armateurs et nos marins ne cessent-ils de se plaindre de l'avantage laissé au pavillon étranger, et de solliciter des mesures qui donnent plus d'activité à la navigation nationale.

Ils ne cessent de se plaindre surtout de la préférence accordée aux navires étrangers dans le transport des subsistances pour l'armée.

Leurs plaintes sont fondées et méritent le plus sérieux examen.

Chacun sait que nos vaisseaux naviguent à plus de frais que ceux de la plupart des autres peuples. Une enquête faite il y a quelques années pour constater la chose et en rechercher les motifs, a donné lieu à quelques changemens dans les règlemens de l'autorité. Mais le mal n'avait pas été pris en assez grande considération et le remède fut impuissant.

Deux causes surtout concourent à rendre notre navigation plus coûteuse. D'abord des droits élevés et souvent prohibitifs assurent aux propriétaires de forges, de mines et de forêts, une sorte de monopole sur les matières premières employées dans la construction navale et augmentent ainsi le prix du navire. Ensuite nos marins, mieux nourris et mieux rétribués, imposent à l'armement une plus forte dépense ?

De ces deux causes, celle qui tient à l'avitaillement et aux salaires de l'équipage, est peu susceptible de modifications. Trop de dangers et de privations de tout genre entourent la vie de l'homme de mer, pour qu'on voulût conseiller au commerce l'adoption à bord de ses navires, d'habitudes plus économiques, qui auraient toujours ce triste résultat d'ôter quelque chose à la faible part de bien-être dont jouissent les marins. Il est à remarquer, d'ailleurs, que l'économie ne pourrait, dans aucun cas, être considérable. La marine militaire recherche avec empressement les hommes des classes qu'elle préfère avec raison à ceux que lui fournit son contingent au recrutement, elle leur offre un engagement avantageux et la perspective des soins d'entretien vraiment parfaits que les matelots trouvent au service de l'État ; cette concurrence seule forcerait déjà le commerce à offrir à son tour un salaire supérieur.

Quant à la seconde cause, il est au pouvoir du Gouvernement et non des armateurs, d'en atténuer les effets ou de la faire cesser entièrement. Le fer, par exemple, comme l'a fait judicieusement observer le Conseil général du commerce, entre pour un cinquième dans la dépense totale de la construction maritime. En réduisant les droits d'entrée sur les fers étrangers, on serait donc assuré d'exercer une salutaire influence sur l'économie et l'accroissement des constructions.

C'est pour compenser ce que les conditions de notre navigation ont de désavantageux que différens emplois lui ont été réservés exclusivement. On a cru que les armemens pour les colonies, l'exportation des produits de la pêche nationale et le cabotage d'un port à l'autre assureraient à nos navires marchands un mouvement constant. Ces ressources, cependant, n'ont pas été suffisantes pour donner à notre navigation l'activité désirable. Ne la privons pas encore des avantages que la possession d'Alger semblait lui promettre.

Ces diverses considérations doivent engager à réserver aux navires nationaux le transport des marchandises entre la France et Alger, et à ne permettre l'introduction de marchandises étrangères, par navires étrangers, que lors qu'elles viendront directement des lieux de production.

Sans doute, dans les premiers momens, l'effet

de la préférence accordée à notre pavillon sera d'imposer un sacrifice à l'économie du transport; mais cet effet ne sera que temporaire. Bientôt nos caboteurs de l'Océan viendront chercher dans la Méditerranée des chances nouvelles de travail, et l'offre fera baisser le prix. Si, jusqu'ici en effet, les caboteurs des côtes de la Normandie et de la Bretagne n'ont pas fréquenté les ports de nos possessions d'Afrique, le manque d'emploi les en a seul empêchés. Les avantages réservés à notre pavillon les y appelleront et ils remplaceront les étrangers auxquels il ne faut pas abandonner plus long-tems l'exploitation de nos relations avec le pays conquis. L'apparition de ces nouveaux caboteurs français dans les ports de la Régence devra, nous le répétons, ramener avant peu la baisse du prix de transport.

C'est ainsi que la prospérité de la culture du coton en Égypte étant venu donner, il y a quelques années, un nouvel aliment à la navigation dans la Méditerranée et ayant fait augmenter le prix du fret entre Alexandrie et Marseille, la construction maritime reçut à son tour une plus grande activité.

L'effet réagit promptement sur la cause : les moyens de transport entre les deux ports furent bientôt proportionnés aux besoins, et le prix du fret diminua de moitié.

La même chose aura lieu pour les transports entre la France et Alger.

La mesure qui en réservera les bénéfices aux nationaux, doit avoir pour conséquence naturelle de leur assurer aussi le cabotage d'un port de la Régence à l'autre. Cette condition est indispensable. Nos navires trouveront difficilement des chargemens de retour, puisque l'exportation sera long-tems encore inférieure aux importations que nécessiteront les besoins des habitans et ceux de l'armée. C'est dans les voyages intermédiaires sur les différens points de la côte que sera le dédommagement à cette obligation onéreuse de revenir sur lest.

Tonnage.

Les charges imposées à la navigation par les droits de tonnage, sont uniformes à Alger pour les navires de toutes les nations. Les Français y sont assujétis comme les étrangers. Le tarif en est mal gradué puisque les navires de cent tonneaux payent tout autant que ceuxde cinq et six cents tonneaux. On ne saurait mieux faire que de remplacer ce droit par le droits et demi-droit de tonnage, suivant le tarif proportionnel de France, qui réserveaux navires nationaux l'avantage dont ils ont besoin.

Toutefois il serait convenable de réduire ces droits au tiers seulement de la quotité du tarif français pour les navires au-dessous de cinquante tonneaux. Cette exception serait essentiellement dans l'intérêt de la province d'Oran. Les petits navires espagnols qui alimentent Oran de produits et de denrées propres à la consommation animale, et qui font le commerce interlope avec les côtes de Valence et de Murcie, emploient un nombre de matelots égal à celui d'un navire de cent tonneaux; il serait fâcheux que l'augmentation des droits de tonnage les éloignât d'Oran.

Pêche du corail.

Depuis que nous occupons la Régence, la pêche du corail a pris de l'extension.

On ne se livrait guère à cette pêche autrefois

que le long de la côte de la Calle à Alger; mais de nouveaux bancs ont été reconnus dans les parages d'Oran, et le nombre des corailleurs a augmenté. Il y a maintenant plus de deux cents bateaux presque tous napolitains, toscans ou sardes occupés à la pêche. Le Gouvernement a toujours eu singulièrement à cœur d'encourager cette pêche qui est très-difficile, emploie beaucoup de monde et forme d'excellens marins. Cependant, malgré l'exemption en faveur des bateaux corailleurs français de la redevance imposée aux étrangers, le nombre des premiers ne s'est élevé qu'à une douzaine environ. Peut-être la prise de Bougie, dont le port offrira un excellent abri aux pêcheurs, et empêchera qu'ils ne restent exposés, comme dans les années précédentes, à tous les dangers d'une rade aussi peu sûre que celle de Bonne, déterminera-t-elle les marins de nos ports du Midi et de la Corse surtout à se livrer à ce genre d'industrie? En attendant, il convient évidemment de maintenir les droits sur les bateaux étrangers, puisque ces droits, insuffisans pour déterminer nos marins à entreprendre la pêche, n'ont cependant apporté aucun obstacle à l'accroissement du nombre des pêcheurs étrangers.

Commerce et navigation des Indigènes.

Dans ce qui précède, nous ne nous sommes occupés, pour le commerce et pour la navigation, que des Français et des étrangers seulement, nous n'avons rien dit des indigènes. La raison en est simple : nous croyons qu'il convient de traiter leurs marchandises et leurs navires comme les marchandises et les navires français.

L'opinion contraire a été débattue, on aurait voulu qu'il leur fût interdit de construire et de posséder des navires, et que les denrées et les produits, qu'ils apportent par mer des points du littoral sur lesquels notre occupation matérielle ne s'étend pas encore, fussent considérés comme venant de l'étranger et soumis aux droits analogues. On a dit que, le plus souvent, le cabotage par les *sandales* maures profite à des populations qui nous sont entièrement hostiles, et que, en appliquant à ce cabotage et au commerce dont il est l'objet, une exemption de droits refusée aux étrangers, nous traitions des ennemis barbares avec plus de faveur que les nations civilisées et amies.

Ces observations sont vraies : mais néanmoins l'intérêt bien entendu de la France exige qu'on ne néglige aucun moyen d'établir des relations avec les Arabes. D'ailleurs, en examinant quels sont les objets qui composent l'importation par *sandales* Maures, on voit qu'ils se bornent aux denrées indispensables à l'alimentation des villes, ou bien aux produits que le commerce recherche pour l'exportation. Dans le premier cas, il n'y a certes pas lieu à repousser, quand elles arrivent par mer, des denrées dont l'établissement colonial a un grand besoin et dont nous sollicitons de toutes nos forces l'introduction par terre. Dans le second cas, les droits auxquels nous soumettrions les produits livrés par les indigènes, ne seraient autre chose qu'une entrave et un impôt à l'exportation.

Une raison politique veut aussi que nulle barrière de douanes ne soit établie entre les Français et les anciens habitans de la Régence. Si dans les rapports commerciaux, ils sont traités en étrangers, comment les regarder comme rebelles quand ils refuseront de se soumettre ? La France, il est vrai, est sans autorité de fait sur eux, mais c'est pour elle seule qu'elle doit en réserver l'aveu.

Après avoir essayé d'apprécier la haute importance commerciale que la colonisation d'Alger peut avoir pour la France, nous avons parcouru l'ensemble du système des douanes qui nous a paru le plus propre à établir entre la colonie et la métropole des liaisons fondées sur une utilité réciproque. Nous dirons, en terminant, que, dans l'état actuel, deux causes encore nuisent essentiellement au développement commrecial d'Alger et appellent de prompts changemens.

TRIBUNAL DE COMMERCE.

Le commerce a besoin de confiance et de sécurité. Dans la Régence, il est sans lois à invoquer, sans tribunaux pour les faire respecter. La question de législation a été traitée ailleurs d'une manière spéciale et avec toute l'importance qu'elle mérite, mais nous devons ici rappeler combien il importe de ne pas laisser plus long-tems le commerce, qui demande avant tout de la stabilité et de l'avenir, réglementé par des arrêtés qu'un arrêté du lendemain vient renverser et qui peuvent cependant suspendre, modifier, détruire les dispositions des Codes de la métropole. Avec de bonnes lois, il n'importe pas moins au commerce d'avoir pour les appliquer des juges qui comprennent ses habitudes, ses besoins, ses usages. La création d'un tribunal de commerce pour la ville d'Alger, où le nombre des négocians est déjà très-considérable, paraît une des nécessités commerciales les plus pressantes.

QUARANTAINE.

Il n'est pas moins urgent de supprimer la quarantaine imposée aux navires qui viennent des ports de l'ex-Régence, ou du moins d'en abréger la durée. Elle occasione au commerce des frais considérables, empêche beaucoup de voyageurs français de visiter nos possessions africaines et porte le plus grand tort aux deux pays.

Les services administratifs, les besoins de l'armée, le commerce, les rapports de toute nature entre la France et sa conquête, réclament également la promptitude des communications. Aucune entrave ne la gêne autant que la quarantaine.

La Commission n'a pas eu la prétention de

discuter la grave et importante question de la contagion, elle n'a pas entendu prononcer sur l'efficacité des précautions sanitaires adoptées contre l'irruption de la peste ou des autres fléaux de ce genre; mais elle a dû constater l'existence d'un service de santé régulièrement organisé sur les points que nous occupons.

Ce service se fait avec une scrupuleuse sévérité.

Il entoure les relations de l'ex-Régence avec les autres États du Levant, de toutes les précautions qui peuvent rassurer contre la communication de la peste. A Alger, à Bonne, à Oran, les provenances des États suspects sont soumises aux moyens de désinfection, aux précautions d'isolement usités dans les lazarets de Marseille et de Toulon. Il semblerait donc rationnel de supprimer la quarantaine imposée aux navires qui viennent directement de nos possessions d'Afrique.

La crainte que cette mesure ne nous plaçât nous mêmes en suspicion dans les ports d'Italie et d'Espagne est le seul motif, sans doute, qui en ait fait repousser l'adoption; mais au moins est-il raisonnable d'abréger le plus possible la durée de ces précautions aussi gênantes qu'onéreuses.

Or, on ne songe à isoler l'homme qui vient d'un pays où règnent des maladies contagieuses, que dans l'idée de donner au germe du mal qu'il couve peut-être le tems de se développer. Lorsque le délai au-delà duquel on ne croit plus au développement possible de la maladie, est atteint, l'isolement doit cesser. Il est donc naturel que, si la Régence devenue française continue à être regardée cependant comme pays suspect, la quarantaine, à laquelle ses provenances sont soumises, date au moins du jour du départ.

Cette simple modification des mesures sanitaires diminuerait la prolongation de durée des expéditions commerciales, épargnerait au trésor une partie des sommes importantes que coûte la quarantaine des militaires et des marins. Et toutefois elle ne paraît pas de nature à compromettre les relations de nos ports du midi avec l'Espagne et l'Italie, non plus qu'à nécessiter un renouvellement d'enquête sur la question de la contagion.

En terminant ce rapide aperçu des principales améliorations que réclame le régime commercial de nos possessions d'Afrique, nous devons dire: que l'adoucissement aux rigueurs de la quarantaine, l'établissement d'un tribunal de commerce, l'adoption d'un bon système de douane; que toutes les mesures, en un mot, auxquelles se rattacherait l'espérance des futurs progrès commerciaux de notre belle conquête resteront sans effet tant qu'elle n'aura pas été hautement reconnue comme colonie française.

Tous les renseignemens que la Commission a recueillis, toutes les voix qu'elle a entendues sont unanimes sur ce point : SANS DÉCLARATION OFFICIELLE, POINT DE COLONISATION.

Rien ne saurait suppléer à cet acte décisif.

Travaux matériels, dispositions administratives, tout restera sans résultat tant qu'on n'aura pas foi en la durée de notre établissement. Cette foi, cette confiance, UN ACTE LÉGISLATIF PEUT SEUL LES FAIRE NAITRE.

Alger, 17 novembre 1833.

Le GÉNÉRAL BONNET, *Président.*

REYNARD, *Rapporteur.*

PROJET D'ORDONNANCE

SUR

LES DOUANES

A ALGER.

TITRE PREMIER.

De l'Importation.

Article 1er.

Seront admises en franchise de tout droit, à l'arrivée de France dans les ports de l'ex-Régence d'Alger :

1°. Les marchandises françaises de toute espèce ;

2°. Les marchandises étrangères naturalisées en France par l'acquittement des droits de douane;

3°. Les denrées coloniales françaises sortant de l'entrepôt.

Art. 2.

Seront également admises en franchise, quand elles seront exportées d'un port à un autre de l'ex-Régence:

1°. Les marchandises ci-dessus désignées;

2°. Les marchandises indigènes ;

3°. Les marchandises étrangères qui auront été admises en exemption de droits, conformément à l'art. 6 ci-après, ou qui auront été soumises au paiement des droits mentionnés aux art. 7, 8, 9, 10, 11, et 12 de la présente ordonnance.

Art. 3.

L'importation des marchandises venant de France ou d'un des ports de l'ex-Régence sera assujétie aux formalités prescrites en France pour le cabotage.

Art. 4.

Néanmoins les marchandises, dont la nomenclature suit : huiles en outre, laines en suint, peaux vertes et sèches, cire, miel, kermès, animaux vivans, œufs, lait, fromages frais et beurre, seront dispensées des formalités prescrites, quand elles viendront d'un des ports de l'ex-Régence sur lesquels l'occupation ne s'étend pas encore.

Art. 5.

Les marchandises autres que celles qui sont comprises dans la nomenclature de l'article précédent, provenant des ports que le Gouvernement n'aurait pas fait encore occuper, seront assimilées aux marchandises venant de l'Etranger.

Art. 6.

Seront admises en exemption de tout droit, dans les ports de l'ex-Régence, les marchandises suivantes, venant des entrepôts de France, et de l'étranger :

1°. Les bois de construction, de charpente, de menuiserie ; le bois à brûler ; le charbon de bois, de terre ; les pierres et autres matériaux propres à la construction ;

2°. Les céréales, les farines, le foin, la paille, les légumes et les fruits frais ; — les plants d'arbres et les graines pour semences.

Art. 7.

Seront soumis à un droit de 10 pour o/o de la valeur : les tissus de soie, les tissus de coton; les bonnets ou calottes de laine, venant par navires français, des entrepôts de France ou de l'étranger.

Art. 8.

Seront admis, moyennant un droit de 13 pour o/o, les vins, eaux-de-vie, esprits, rhum, vinaigre, liqueurs venant, par navires français, des entrepôts de France ou de l'étranger.

Art. 9.

Toutes les marchandises non désignées dans les art. 6, 7 et 8, à l'exception du fer et du sel, seront soumises à un droit de 8 pour o/o de la valeur, quand elles viendront par navire français, des entrepôts de France ou de l'étranger.

Art. 10.

Les marchandises étrangères, pour lesquelles les droits d'entrée sont fixés dans les trois articles précédens, seront assujéties au paiement d'une surtaxe de 2 pour 0/0 de la valeur quand elles seront importées par navire étranger. L'importation, en ce cas, ne pourra avoir lieu que directement des lieux d'origine et sous le pavillon respectif des pays producteurs.

Art. 11.

Le fer, venant par navire français, des entrepôts de France ou de l'étranger sera admis en franchise de droit.

Par navire étranger, il paiera un droit de 2 pour 0/0 sur la valeur, et ne pourra être importé que directement des lieux d'origine.

Art. 12.

Le sel venant par navire français, des entrepôts de France ou de l'étranger paiera 2 fr. les 100 kilog.

Par navire étranger, et directement du lieu d'origine, 3 fr. les 100 kilogrammes.

Art. 13.

Les droits *dits d'octroi* perçus sur les marchandises arrivant par mer seront supprimés.

TITRE II.

Exportation.

Art. 14.

Les marchandises de toute nature exportées pour France, ne paieront aucun droit à la sortie de l'ex-Régence. Elles seront soumises aux formalités prescrites par le cabotage.

Art. 15.

Les marchandises transportées d'un port à un autre de l'ex-Régence ne paieront aucun droit de sortie, et resteront également assujéties aux formalités prescrites pour le cabotage.

Art. 16.

Les marchandises de toute nature, exportées pour l'étranger, seront soumises à un droit de sortie de 2 pour o/o sur leur valeur.

TITRE III.

Navigation.

Art. 17.

Les navires français et les *sandales* appartenant aux indigènes seront exempts de tout droit de navigation.

Art. 18.

Les navires étrangers paieront les mêmes droits que ceux qui sont perçus en France, sous le nom de droit et demi-droit de tonnage.

Toutefois ces droits seront réduits au tiers de la quotité du tarif pour les navires au-dessous de 50 tonneaux.

Art. 19.

Le transport des marchandises d'un port de France dans l'ex-Régence et réciproquement, ainsi que le transport d'un port à un autre de l'ex-Régence seront réservés à la navigation nationale.

Art. 20.

Les droits de patente pour les bateaux employés à la pêche du corail continueront à être perçus sur le pied du tarif actuel.

Art. 21.

Les lois, ordonnances et règlemens sur les douanes françaises seront applicables dans l'ex-

Régence en tout ce qui n'est pas contraire à la présente ordonnance.

En conséquence tous les *arrêtés* sur la matière, et notamment celui du 22 septembre 1830, sont révoqués.

IMPRIMERIE DE A. HENRY,
RUE GÎT-LE COEUR, N° 8.

www.ingramcontent.com/pod-product-compliance
Ingram Content Group UK Ltd.
Pitfield, Milton Keynes, MK11 3LW, UK
UKHW021622260726
13994UKWH00003B/1024